ALPHONSE,
ROI DE CASTILLE,

MÉLODRAME

EN TROIS ACTES,

Paroles de MM. Milcent D'HERBOUVILLE, artiste au théâtre de la Porte St.-Martin, et DULIMONT, ci-devant employé à l'armée d'Italie.

Musique de M. Morange.

Mise en scène par M. Braban.

Représenté, pour la première fois, sur le théâtre de la Cité, le 6 brumaire an XIV. (28 octobre 1805.)

———

A PARIS,

Chez Barba, Libraire, palais du Tribunat, derrière e Théâtre Français, n°. 51.

———

AN XIII. (1805.)

PERSONNAGES.   ACTEURS.

ALPHONSE, le jeune , roi de Castille. M. *St.-Jules.*

D. PÈDRE , favori du Roi.　　　　　M. *Lafargue.*

EMÉLINA , sœur de D. Pèdre.　　　　Mad. *d'Herbouville.*

D. ALVAR , amant d'Emelina.　　　　M. *Léon.*

D. RODRIGUE , ennemi de D. Pèdre. M. *Braban.*

D. GUSMAN , confid. de D. Rodrigue. M. *Lebel.*

ISABELLE , confidente d'Emelina.　　Mad. *Braban.*

UN OFFICIER.　　　　　　　　　M. *Paillery.*

Suite du Roi.

Grands de la cour.

Gardes.

La scène se passe dans le royaume de Castille.

On trouvera la partition d'Alphonse , chez l'auteur , rue de Bondy, nº. 48, pour le prix de la copie qui est de 24 fr.

ALPHONSE,
ROI DE CASTILLE.

ACTE PREMIER.

Le théâtre représente un jardin magnifique du
Roi de Castille.

SCENE PREMIERE.

D. ALVAR.

QUEL bonheur de respirer le même air que respire celle qu'on aime. (*M.*) C'est ici que je l'ai surprise plusieurs fois, se livrant à ses pensées. Trop aimable et trop sensible Emélina, ce sont vos soins généreux qui me rendirent à une vie que je méprisais, mais que je chérie depuis que j'ai goûté le bonheur de vous voir. Dès ce moment, j'ai renoncé à la mort; les hommes me sont devenus moins odieux, et tous les maux qu'ils m'ont fait sont effacés de ma mémoire. Depuis l'événement qui m'a conduit dans cette cour, et que mes forces me le permettent; c'est en ces lieux que chaque jours je viens l'admirer en silence, que je prends la résolution de lui parler, de lui faire connaître mon amour. Elle arrive... je la vois !... je la contemple avec ivresse !... je vais lui révéler... Mais ma timidité, mon respect, me forcent encore au silence. Elle part sans m'avoir vue, sans que je lui aie parlé, et, sans le savoir, elle emporte avec elle mon amour et mon âme toute entière ! (*Musique aimable et langoureuse qui annonce l'entrée d'Emelina. Alvar écoute attentivement.*) J'entends quelqu'un... c'est elle, sans doute oh ! oui, je le sens au tressaillement que j'éprouve... aux palpitations de mon cœur... La voici ! qu'elle est belle ! amour, retiens mes pas : enhardis donc cette timidité qui fera le malheur de ma vie.

(La musique reprend. Emélina entre. Alvar s'est éloigné, il l'a regardé avec amour ; il est indécis sur ce qu'il doit faire ; enfin, il se retire.)

SCÈNE II.

EMÉLINA, ISABELLE.

EMÉLINA, *très triste.*

Ma chère Isabelle, la douce tranquillité de ces lieux est cent fois préférable aux plaisirs bruyans de la cour.

ISABELLE.

Je ne suis pas de votre avis, madam ; moi, j'aime le bruit et surtout la gaieté. (*M Emélina paraît troublée, elle rêve profondément ; elle soupire de tems en tems Isabelle l'observe.*) Mais qu'avez-vous donc, madame ? depuis quelque tems je vous vois d'une tristesse qui me désespère.

EMÉLINA, *distraite.*

Je n'ai rien... j'admire toutes ces beautés.

ISABELLE, *à part.*

Cherchons un peu à la distraire. (*haut.*) Et que voyez-vous donc de si beau, madame ?

EMÉLINA.

Ces arbres... ce gazon... cette verdure... ce calme délicieux... qui ravit les sens...

ISABELLE, *gaiement.*

Et ce sont là les objets de votre profonde méditation.

EMÉLINA.

Mais est-il quelque chose de plus admirable que les ouvrages de la nature.

ISABELLE.

Je ne vois rien de si ennuyeux que son éternelle répétition.

EMÉLINA.

Comment ?

ISABELLE.

Mais sans doute. Cet ordre des saisons que l'on trouve merveilleux, ne me présente qu'une succession de mille incommodités différentes. Le printems me paraîtrait assez agréable, s'il était mieux entendu ; mais toujours du gazon, toujours des feuilles... Vous conviendrez, madame, que c'est insupportable. Cependant, il y a, dans tout cela, de quoi faire de jolies choses ; avec du goût et sans presque rien changer, je voudrais rendre la nature aussi belle que l'art.

EMÉLINA.

Folle.

ISABELLE.

Par exemple, je laisserais à peu près la figure des arbres telle qu'elle est ; mais, tous auraient leurs feuillages en camaïeux de différentes couleurs ; et si les nuances me manquaient, j'en imaginerais tant de nouvelles, qu'aucune ne se ressemblerait. et cela ferait un effet admirable.

ÉMÉLINA, *pendant ce tems s'est livrée dans une profonde rêverie. Elle soupire.*

Hélas !

ISABELLE, *fixant Emélina, dit à part.*

Mon déraisonnement est sans effet, ma pauvre maîtresse a quelque chagrin. (*haut.*) Madame.

EMÉLINA.

Ah ! ma chère Isabelle...

ISABELLE.

Auriez-vous appris quelque mauvaise nouvelle ? ouvrez-moi votre cœur ; ne suis-je plus digne de votre confiance ? vous serait-il arrivé quelque chose de fâcheux ? le favori du Roi, votre frère, aurait-il éprouvé quelques disgraces à la cour ? il y a tant de vils courtisans, tant de méchans dans le monde. Vous avez dans Rodrigue un ennemi cruel, qui, furieux de voir occuper sa place par votre frère, pourrait bien machiner quelque complot infernal contre vous.

EMÉLINA.

Non, Isabelle, non, mon frère n'a rien à redouter de personne, il jouit toujours de la plus haute faveur auprès d'Alphonse.

ISABELLE.

Qui peut donc agiter ainsi votre âme ? vous êtes fêtée de toute la cour, le roi vous chérit, vous aime, et peut-être qu'un peu moins de retenue de votre part...

EMÉLINA.

Que tu es loin de savoir ce qui se passe dans mon âme. J'honore et respecte les bontés d'Alphonse ; mais mon cœur ne lui appartient ni ne peut lui appartenir.

ISABELLE.

Mais pourquoi ?

EMÉLINA.

D'abord, l'extrême distance... et d'ailleurs... (*Alvar paraît et contemple Emélina.*)

ISABELLE, *d'un ton curieux.*

Et d'ailleurs... (*M.*)

EMÉLINA.

Tu va tout savoir.

ISABELLE, *de même.*

J'écoute,

EMÉLINA.

Il y a quelque tems, tu le sais, que nous accompagnâmes, mon frère et moi, le Roi à une partie de chasse.

ISABELLE.

Oui, madame.

ÉMÉLINA.

Me sentant un peu fatiguée, je m'éloignai un instant du lieu de la chasse, pour prendre quelque repos, lorsqu'un jeune homme, tout couvert de son sang et presque sans connaissance, vint tomber à mes pieds. Un sentiment plus fort que la pitié, tout à coup se fit entendre malgré moi au fond de mon cœur. Les douleurs que cet infortuné éprouve me déchirent l'âme, son sort m'intéresse; tout prévient en sa faveur. Moi et mes gens, nous nous hâtâmes de lui prodiguer des secours; il revint à lui, et le premier de ses regards fut tout entier à moi. Figure-toi, chère Isabelle, une de ses physionomies douce, honnête, pleine de grâces et de sentimens; et tu connaîtras celui que mes soins ont sauvés d'une mort inévitable. (D. Alvar exprime sa joie, fait un mouvement pour se présenter à Emélina et il n'ose encore.) Le Roi, suivi de mon frère, arriva près de nous en ce moment. Sans plus rien écouter que la voix de mon cœur, je me précipitai à ses genoux. « Sire, m'écriais-je, pleine d'un trouble que j'ai peine encore à deviner, ordonnez que l'on secoure ce jeune homme, il est dangereusement blessé. » Après m'avoir fixée et gardé un moment le silence, le Roi me releva et me dit, avec cette grandeur d'âme qui lui est si naturelle : « Ce que vous me demandez, madame, fait l'éloge de votre cœur, et quoique le sort de cet inconnu soit à plaindre, il cesse du moment qu'il a le bonheur de de vous intéresser. » Il ordonne à l'instant qu'on le conduisit dans son palais et qu'on en ait le plus grand soin. Je le vois enmener, chère Isabelle; ses yeux attachés sur les miens, me peignaient la douleur de se voir séparer de moi. Enfin, il est arraché à mes tendres soins, et mon triste cœur gonflé de soupirs s'échappa aussitôt et vola vers le sien.

D. ALVAR, *a exprimé pendant ce récit sa joie, son amour,*
et dit à part.

Je suis aimé, ô bonheur !

ISABELLE, *à part.*

Mais c'est de l'amour que cela. (*haut.*) Et depuis avez-vous eu quelques nouvelles ?

ÉMÉLINA.

Oui, par mon frère.

ISABELLE.

Va-t-il mieux ? sait-on ce qu'il est ?

ÉMÉLINA.

Il paraît vouloir se taire sur son rang et sur sa naissance ; mais pour connaître combien il mérite d'égards, il ne faut que le voir.

D. A L V A R , *à part.*

Trop heureux Alvar?

(Un trait de musique fait regarder Emélina derrière elle, et elle apperçoit Alvar.)

SCÈNE III.

LES PRÉCÉDENS, D. ALVAR.

E M É L I N A , *appercevant Alvar.*

C'est lui, chere Isabelle. (M.)

D ALVAR , *descend auprès d'Emélina , la salue respectueusement et montre une extrême timidité.*

I S A B E L L E , *à part pendant la musique.*

Il est vraiment joli homme.

E M E L I N A , *à Alvar. Elle est très émue.*

Comment vous . . . trouvez-vous, seigneur.

D. A L V A R , *extrêmement timide.*

Beaucoup mieux, madame.

(Musique. Leurs yeux se rencontrent; ils paraissent troublés. Alvar n'y peut plus tenir ; il se précipite aux genoux d'Emélina, se hasarde à lui prendre la main et la lui baise avec transport. Isabelle donne secrètement son approbation à cette témérité, Emélina toute troublée s'est défendue faiblement, elle veut et ne peut retirer sa main que D. Alvar presse étroitement sur son cœur.)

EMELINA, *troublée, dit à Isabelle sans se disposer à sortir.*

Isabelle...sortons.

I S A B E L L E.

Volontiers, madame. (*à part.*) Elle n'en a guère envie.

(Musique. Emélina a enfin retirée sa main à Alvar ; elle veut sortir ; mais il la retient légèrement par sa robe. Elle s'arrête, les deux amants se regardent l'un et l'autre avec timidité. Moment de silence. Isabelle a l'air de se promener dans le jardin, et disparait en indiquant que sa présence est inutile auprès de ces deux jeunes amans.)

SCÈNE IV.

EMELINA, D. ALVAR.

(Elle rompt le silence en voulant parler à Isabelle , elle ne la voit plus. Elle marque de l'effroi et veut se retirer. D. Alvar vole après elle.)

D. A L A R.

Arrêtez, adorable Emélina, pardonnez à ma témérité ; mais je viens d'être témoin de vos sentimens pour moi. Ah! croyez que le plus tendre retour.

EMELINA, *troublée.*

Seigneur...

D. ALVAR.

L'amour, le brûlant amour que vous sûtes si bien m'inspirer ; votre humanité, les soins tendres et obligeans que vous daignâtes me prodiguer, et qui seuls me rappelèrent à la vie, ont triomphés de ma raison, qu'une juste indignation contre les hommes avaient condamné à garder avec eux un silence éternel. Si l'offre des premiers vœux d'un cœur pur vous offense, je reprends le dessein que j'avais formé et rien ne pourra plus m'en détourner. Prononcez, madame, c'est à vous à disposer souverainement du destin de ma vie. (*il tombe aux genoux d'Emélina.*)

EMELINA, *très-émue.*

Mon frère est mon ami, seigneur... il me tient lieu de père... il ne doit ignorer aucune de mes pensées... de mes actions. Vous lui devez vous-même une entière confiance... et je dois... avant tout...

(Elle va pour sortir, Alvar la retient par la main. Musique pour l'entrée de D. Pèdre.

SCENE V.

LES PRÉCÉDENS, D. PÈDRE.

EMELINA, *avec joie.*

Ah ! c'est mon frère.

D. PÈDRE, *surpris de voir Alvar aux genoux de sa sœur.*

Qui êtes-vous, seigneur, pour oser...

D. ALVAR, *interdit se relève.*

Seigneur...

D. PÈDRE, *à Alvar.*

Songez que ma sœur ne peut, sans manquer à la bienséance, à l'honneur même, écouter le langage d'un étranger dont le rang et la naissance semblent être du mystère.

EMELINA.

Mais, mon frère...

D. ALVAR, *à D. Pèdre.*

Daignez m'entendre...

D. PÈDRE.

Nul éclaircissement ne me convient avant celui de votre naissance.

D. ALVAR.

Rassurez-vous, seigneur, elle n'a rien d'obscure. Et si j'osais faire connaître mes sentimens à votre adorable sœur, c'est peut-être à mon rang et à mon nom, que je dois cette

témérité. (*Il tire un papier de son sein.*) Ce diplôme re-
vêtu du sceau de l'état et de la signature du feu Roi, père
du prince régnant, atteste qui je suis.

D. PÈDRE, *parcourent le diplôme.*

Vous seriez le fils de don Sauche de Lastorrès ?

D. ALVAR.

Dont la fin tragique doit vous être connue. Mais vous en
ignorez sans doute les circonstances ; prêtez-moi je vous
prie, toute votre attention. Mon père, ce grand ministre
d'Alphonse, surnommé le Cruel, père du prince régnant,
eut le malheur de plaire à la célèbre Laure de Padille, qui
était alors maîtresse du roi. Plus violente et plus cruelle encore que lui, elle fit empoisonner ma mère. Cet horrible
attentat, qui ne put être ignoré de l'auteur de mes jours,
changea son indifférence en horreur. Laure désespérant de
pouvoir le toucher, se porta aux dernières extrêmités.
Après avoir essayé inutilement de jeter dans l'esprit du Roi
des soupçons sur l'intégrité de son ministre, elle forma
elle-même un projet de conjuration qui ne tendait à rien
moins qu'à détrôner le monarque, et qu'elle fit trouver dans
les papiers de mon père, par un complice infâme de ses
cruautés. Le Roi, sur ce spécieux témoignage, fit trancher la
tête à son ministre. Mais la vengeance de cette femme perfide n'était pas encore assouvie, elle voulait éteindre en
moi le reste du nom de Lastorrès. Un ami de mon père, le
seul qui me restait dans mon malheur, eut le courage de
me soustraire aux dangers qui me menaçaient ; il m'enleva,
et vint avec moi se cacher dans une cabane située au milieu
de la forêt ; ou j'ai eu le bonheur de vous rencontrer. Ce fi-
del ami, pendant plusieurs années, consacra son bien et
ses talens à mon éducation ; son asile m'a mis à l'abri des
fureurs de Laure, jusqu'au moment.... grands dieux !... Je
ne puis y penser sans répandre des larmes... Hélas ! pardon-
nez-les moi, elles partent d'un cœur sensible et reconnais-
sant.

D. PÈDRE.

Eh bien ?

EMÉLINA, *avec intérêt.*

Achevez.

D. ALVAR.

Un jour, revenant de la chasse, je gagnais ma paisible
demeure, tout en me félicitant de retourner près de mon
respectable ami ; mais, ô ciel !... quel spectacle pour moi...
En entrant dans la cabane, je le vis prêt à rendre le dernier
soupir : il me tendit une main déjà glacée par la mort, et
n'eut pas même la force de m'apprendre d'où partait les

Alphonse,   B

coups. J'essayerais vainement à vous peindre ma douleur....
Enfin, mon ami, mon appui, mon protecteur, mon père,
expira dans mes bras... (*Il pleure amèrement.*) Je creusai,
moi-même une fosse et j'y déposai ce rare et digne modèle
de l'amitié.

D. PÈDRE, à part.

Infortuné jeune homme.

D. ALVAR.

Privé de l'homme vertueux qui me tenait lieu de tout :
je me vis seul au monde. La nature entière n'était plus pour
moi qu'un tombeau. Sans savoir ou je porterais mes pas, je
quittai, j'abandonnai notre cabane pour n'y rentrer jamais.
J'errais dans la forêt, quand je rencontrai deux hommes
armés qui m'insultèrent : moi qui ne cherchait que la mort,
je me livrai à leurs coups : c'est alors que je vins tomber à
vos pieds, madame, votre seule présence m'imposa la loi de
recevoir les secours que vous m'avez prodigué. Mon jeune
cœur, quoique prévenu contre les hommes, n'a pu résister
à l'amour que vous lui avez inspiré, belle Emélina. Je m'é-
tais promis de garder le silence, et de ne le rompre que lorsque j'aurais trouvé ou placer ma confiance : vos procédés
généreux ont déterminés mon choix, et la reconnaissance,
seigneur, à produit l'éternelle amitié que je vous jure.

EMÉLINA.

Ah ! mon frère, que ce récit m'a fait de mal.

D. PÈDRE.

Vos malheurs sont grands..... Croyez, seigneur, que j'y
prends le plus vif intérêt. Désormais comptez sur une amitié
sans réserve. Agréez, je vous prie, le partage de ma fortune,
jusqu'à ce que les bontés du roi vous en aient faite une con-
venable à votre rang.

D. ALVAR.

Seigneur, comment reconnaître....

EMÉLINA, avec âme.

O frère trop généreux.

D. PÈDRE, bas à Emélina.

Mais vous savez bien, ma sœur, que je ne puis, sans
déplaire au roi, et sans me rendre coupable de la plus noire
ingratitude, approuver un amour.... (*M.*)

SCENE VI.

LES PRÉCÉDENS, RODRIGUE, un Officier, quatre Gardes.

RODRIGUE, à D. Pèdre.

J'apporte, seigneur, des ordres rigoureux. Je les exécute

Page (11)

à regret, mais je dois obéir à mon souverain, qui vous ordonne de me remettre votre épée et de vous rendre à la tour. (*A Alvar.*) Seigneur, le roi vous mande près de lui.

ÉMÉLINA, *allarmée.*

O ciel ! mon frère.... Alvar... est-il possible.

D. PÈDRE, *calme.*

J'ignore ce dont on peut m'accuser, mais, fort de ma conscience, je souscris sans crainte aux volontés de mon maître! (*fausse sortie.*)

ÉMÉLINA, *retenant son frère.*

Non, mon frère, arrêtez. Les rois sont souvent abusés, Alphonse l'est sans doute à votre égard. Permettez...

D. PÈDRE, *à Rodrigue.*

Je vous suis, D. Rodrigue. Tranquillisez-vous, ma sœur. Voyez le Roi, tâchez d'apprendre les motifs qui le font agir. Votre frère se repose sur votre amitié. Croyez que de ses malheurs, le plus cruel pour lui, serait d'être séparé longtems d'une sœur si tendrement chérie !

(*Il rend son épée à l'officier.*)

RODRIGUE, *à part, dit avec une joie féroce.*

Je triomphe.

(M. D. Pèdre embrasse sa sœur et s'arrache de ses bras. D. Alvar témoigne beaucoup de douleur. Emélina perd connaissance dans les bras de son frère. Isabelle entre et D. Pèdre lui dit.)

D. PÈDRE, *à Isabelle.*

Isabelle, veillez sur votre maîtresse.

(Musique. D. Pèdre sort avec l'Officier et les gardes. Alvar sort du côté apposé et Rodrigue le suit.)

SCENE VII.
ÉMÉLINA, ISABELLE.

ISABELLE, *soutenant sa maîtresse.*

O ciel ! prends pitié de ma chère maîtresse... Mais que signifie ?... Madame, revenez-vous à vous. (*M.*)

ÉMÉLINA.

Où suis-je ?

ISABELLE.

Auprès d'Isabelle.

ÉMÉLINA.

Isabelle !... Mais où sont-ils ?... Mon frère... D. Alvar... Juste dieu ! si jamais... je frémis d'y penser... Viens, suismoi, chère Isabelle ; je vais me jeter aux pieds du Roi, il est sévère, mais il est juste, généreux et magnanime. Il ne pourra être insensible à mes larmes. (*M. Elles sortent.*)

Fin du premier Acte.

ACTE II.

Le théâtre représente la galerie d'un des palais
du Roi de Castille.

SCENE PREMIERE.

D. RODRIGUE, D. GUSMAN.

D. RODRIGUE.

LA cour est encore assemblée, ainsi je puis, sans craindre les importuns, te faire part de mon projet; j'ai besoin dans cette circonstance d'un ami sûr, éprouvé. Tes sentimens et ton intrépidité me sont trop connus, pour craindre que dans l'occasion tu refuses de servir de témoin...

GUSMAN.

Ce serait m'offenser, seigneur, que de douter un seul instant de mon entier dévouement.

D. RODRIGUE.

Apprends donc un secret qu'il est important que tu connaisses et qui ne peut rester plus long-tems renfermé dans mon cœur. Sache enfin ce que ma dissimulation a su cacher à tous les regards jusqu'à ce jour. D. Pédre est de mes ennemis le plus cruel.

D. GUSMAN.

Le favori du roi ?

D. RODRIGUE.

Ah ! voilà son crime. L'ambition et la jalousie ont fait naître en moi cette haîne implacable; j'étais, tu le sais, comblé des faveurs d'Alphonse; mais bientôt, pour mon malheur, Emélina parut à la cour; le Roi épris tout-à-coup de ses charmes, appela son frère auprès de lui, le combla de ses bienfaits et en fit son favori; depuis ce moment j'ai perdu la confiance du Roi, sans cependant avoir démérité, et je vois un autre occuper le rang qui m'était destiné. Dis-moi, cher Gusman, dois-je souffrir une pareille humiliation, dois-je laisser D. Pédre jouir en paix des distinctions que le roi ne devait accorder qu'à moi.

D. GUSMAN.

Non, seigneur, la vengeance...

D. RODRIGUE.

L'instant est arrivé.

D. GUSMAN.

Mais par quels moyens ?...

D. RODRIGUE.

Il y a quelques jours que je trouvai dans la forêt, où le Roi chasse habituellement, le plan d'une conspiration. Tu sais l'intimité qui règne entre D. Pèdre et Almaïda? j'ai supposé une lettre de ce dernier à D. Pèdre, par laquelle il lui mande que tout est prêt pour la conjuration, et qu'il lui en fait passer le projet : la signature est parfaitement imitée. J'ai présenté ce matin le tout au Roi en lui disant que je venais de trouver ces papiers dans la forêt, et c'est sur ce puissant témoignage qu'il m'ordonna de faire arrêter D. Pèdre.

D. GUSMAN.

Mais si le Roi faisait paraître Almaïda devant lui ?

D. RODRIGUE.

Va, j'ai tout prévu, D. Pèdre ne peut échapper à ma haine. Almaïda est parti pour les Indes et ne reverra jamais la Castille.

D. GUSMAN.

Ne craignez-vous pas que l'amour du Roi pour Emélina...

D. RODRIGUE.

Mon plan est si bien conçu, que je n'ai à redouter ni les larmes, ni la beauté de cette femme.

D. GUSMAN.

Mais cet étranger...

D. RODRIGUE.

Alvar? eh! que pourrait-il faire? d'ailleurs, on le surveillera de près.

(Musique. Rodrigue et Gusman écoutent et regardent.)

D. GUSMAN.

C'est le Roi qui vient de ce côté.

D. RODRIGUE.

Eloignons-nous. Il ne serait pas prudent qu'il nous surprît ensemble dans ces lieux. Viens, suis moi ; semons partout des bruits propres à empêcher que le voile ne se déchire. Excitons encore les haines contre D. Pèdre : qu'il périsse enfin ; et bientôt, cher Gusman, nous montons au faîte des grandeurs. (*Musique. Ils sortent.*)

SCENE II.

ALPHONSE, D. ALVAR.

ALPHONSE.

Vos malheurs m'ont vivement touchés les biens que je vous rends et dont mon père vous avait injustement dépouillés, ne sont qu'un faible témoignage du desir que j'ai de réparer les maux que vous avez soufferts. Ah ! que ne puis-je vous rendre le cher auteur de vos jours; vous avez des droits à mes bienfaits , plus que vous ne pensez , Alvar. C'est votre digne et malheureux père qui prit soin de mon enfance, qui forma mon jeune cœur et qui fit germer en mon âme ces sentimens sublimes , ces premières vertus si nécessaires à un monarque, la justice et la clémence. Rempli de ses principes et de sa moralité, en montant sur le trône, j'ai fait vœu de calmer les esprits , de rassurer les cœurs , et de faire autant d'heureux que mon prédécesseur a compté de victimes.

D. ALVAR.

Sire, tant de bonté m'accable. Mais qu'il me soit permis de vous dire que je ne puis voir sans douleur , qu'avec tant de vertus on puisse faire des malheureux.

ALPHONSE.

Que voulez-vous dire Alvar? Ouvrez-moi votre cœur ; dites - moi quelles sont vos peines , vos chagrins , mon amitié pour vous les calmera peut-être ; et si je ne puis les effacer entièrement, je tâcherai du moins de les adoucir en les partageant Je vous ai donné ma confiance plus intimement que ne l'a jamais eû D. Pèdre ; je vous élève à son rang. Qu'exigez-vous de plus?

D. ALVAR.

O mon Roi ! croyez que rien n'égalera jamais ma reconnaissance ; mais c'est de D. Pèdre dont j'ose ici vous parler. Je ne puis regarder les grâces dont vous me comblez , que comme les dépouilles d'un sujet fidèle , qui ne doit son malheur qu'à la calomnie. Je l'avouerai , Sire , sa perte empoisonnerait vos bienfaits.

ALPHONSE, *avec bonté.*

D. Pèdre est coupable, et c'est m'offenser, Alvar, que d'en parler devant moi.

D. ALVAR.

Sire , est-on bien certain...

ALPHONSE.

Des avis sûrs , donnés à propos , l'ont empêché de consommer son criminel dessein.

D. ALVAR.

Mais , de quel crime...

ALPHONSE.

De quel crime... Eh quoi ! D. Pèdre ! Emélina ! (*Alvar fait un mouvement de surprise.*) Ceux que j'avais choisis pour amis ! que j'honorais de mon estime , à qui j'ouvrais mon cœur , que je pouvais élever jusqu'à moi, que je voulais... les ingrats ! Alvar, si vous voulez conserver mon estime...

D. ALVAR.

Ah ! Sire , ce n'est que par mes larmes que je puis vous exprimer combien je suis jaloux de m'en rendre digne. Mais la disgrace de don Pèdre...... O mon Roi , daignez lui apprendre......

ALPHONSE , *sévèrement.*

Don Alvar , n'abusez pas des droits que ma bonté vous accorde. Vous vous rendriez criminel à mes yeux , en entreprenant davantage la défense de don Pèdre , surtout observez exactement la loi que je vous ai imposé , de n'avoir aucune relation avec mes ennemis...... Je ne puis trop vous le répéter, plus d'un intérêt m'en ferait punir sévèrement la transgression : quand l'amitié et l'autorité n'exigent qu'un sacrifice, il doit être sans réserve. Laissez-moi.

(Musique. D. Alvar sort en s'inclinant profondément devant le Roi.)

SCENE III.

ALPHONSE , *seul.*

Mais quel intérêt peut porter don Alvar , à prendre aussi vivement la défense de don Pèdre ? A peine arrivé à ma cour... à peine a-t-il pû le connaître..... ce zèle trop marqué ne cacherait-il pas un mystère ?.... au nom d'Emélina , je l'ai vu tressaillir.... ô soupçons.... depuis le jour que je le vis dans la forêt , affaibli par la perte de son sang et qu'Emélina lui prodiguait ses soins , elle a perdue cette gaieté naturelle , cette amabilité qui faisait le charme de ma vie !... Me serait-il préféré ?.... Ah ! qu'il tremble pour ses jours si jamais..... hélas ! où m'emporte une aveugle colère. Alphonse , tempères donc un peu cette impétuosité , que, malgré toi tu as peine à contenir et qui rappellerait des souvenirs déchirants. Fais oublier , à force de vertus, les fautes de ton père : imite , s'il est possible , un seul homme dans l'univers ; ce monarque Français, ce héros, cet invincible guerrier : et jamais tu ne t'écarteras du sentier de la gloire et de l'immortalité. Non, Emélina est douée d'une âme sensible ; les malheurs de cet infortuné Alvar l'auront attendrie, et nul autre sentiment ne parle en sa faveur ; me voilà plus tranquille. Relisons ce fatal écrit. (*Musique. Il relit le plan de la conspiration*). Ingrat don Pèdre !.... tu en voulais à mes jours..... pour obtenir ta grâce. Tu comptes sans doute sur la tendresse que j'ai pour ta sœur. Mais rien ne peut te sauver. Et toi, perfide Almaïda , qui a pu te porter à violer aussi lâchement les droits de l'hospitalité ? C'est au sein de ma cour , où je lui prodiguais tous les honneurs ,

qu'il conspire contre moi. Il part comblé de mes bienfaits...
Mais ce départ n'est peut-être que simulé ; peut-être attend-
il le moment de consommer son crime? Donnons des ordres nécessaires....

(Musique. Alphonse va pour sortir, Emélina l'arrête en se précipi-
tant à ses genoux.)

SCENE VI.
ALPHONSE, EMÉLINA.

EMÉLINA, *aux genoux du roi.*

Ah ! Sire, de quel crime punissez-vous mon malheureux
frère ? en est-ce un que le respect qu'il a pour un maître
encore plus digne d'être aimé par ses vertus que par ses
bienfaits? Quelle âme après la sienne, osera aspirer à la
félicité, si c'est à la vertu qu'elle se donne ?

ALPHONSE, *à part.*

Si je n'écoutais que mon amour. (*Haut, avec bonté.*)
Relevez-vous, madame. (*Cherchant à prendre un peu de
fermeté.*) C'est inutilement.... votre frère est trop criminel.....

EMÉLINA.

Sire, il ignore d'où part le coup affreux qui l'écrase en
ce moment.

ALPHONSE.

Vous prenez envain sa défense.

EMÉLINA.

C'est quelqu'un, n'en doutez pas, Sire, qui, jaloux de
vos bontés pour lui, aura juré sa perte. Mon frère n'est pas
coupable; je vous proteste de son innocence. Quels reproches,
Sire, n'auriez-vous pas à vous faire... (*Alphonse la regarde
avec sévérité.*) Pardon, Sire, c'est l'amour fraternel qui
m'égare.

(Le Roi va pour sortir, Emélina se jette de nouveau à ses genoux.)

O mon roi ! arrêtez. Prenez pitié de ma douleur, de mon
désespoir.

ALPHONSE, *ému, à part.*

Qui ne serait touché à l'aspect de sa douleur et de ses
larmes. (*La relevant et la regardant avec attendrissement.*)
Vous vous plaignez de moi ! ah! rendez plus de justice au
cœur d'Alphonse. J'aime encore don Pèdre, (*Emélina regarde le roi avec joie.*) et vous adore plus que jamais.

(Emélina quitte aussitôt son air joyeux et en reprend un très-sombre.
Ce jeu de physionomie doit être bien observé.)

Vous vous plaignez de moi, injuste Emélina. C'est moi, qui

pourrait avoir ce droit, par la froideur que toujours vous opposez à mes sentimens.

EMÉLINA, *troublée*.

Sire.....

ALPHONSE.

Mais un jour plus heureux viendra peut-être.....

EMÉLINA, *se troublant encore davantage*.

Je ne sais.... tant de bontés.... (*pleurant*) mais, mon frère...... ô mon roi.....

ALPHONSE, *à part*.

Ah! plus que jamais elle devient chère à mon cœur. (*Haut.*) Qu'il doit m'en coûter de trouver un coupable dans votre frère : oui, je pardonnerais son crime, s'il n'était connu que de moi ; mais j'en dois compte à mes sujets ; que don Pèdre autorise ma clémence par un repentir sincère, par l'aveu de son crime, et je lui fais grâce. Employez tout le pouvoir que vous avez sur lui. Allez le voir, dites lui que je veux bien l'entendre ; avertissez-le que je le ferai conduire devant moi : trouvez-vous avec lui, apprenez lui enfin qu'elles sont mes dispositions à son égard, et vous connaîtrez l'un et l'autre que je suis encore plus votre ami que votre Roi.

(*Musique. Le Roi sort et ne cesse de regarder Emélina avec la plus grande tendresse, tandis qu'elle s'est inclinée devant lui.*)

SCENE V.

EMÉLINA, *seule*.

Allons trouver mon frère ; pressons-le vivement de révéler au Roi.... mais il est innocent, que pourra-t-il lui dire ? O mon dieu, faites sortir la clarté du fond de la trame ténébreuse qui m'arrache à un frère si tendrement chéri ! (*M.*) Mais, don Alvar... ô ciel !.... qu'est-il devenu ?.... serait-il ?.... un pressentiment secret..... hélas !.... s'il fallait renoncer au doux espoir d'être à celui que j'aime ! à celui qui seul règne dans mon cœur.... (*M.*)

SCENE VI.

EMÉLINA, ISABELLE.

ISABELLE, *accourant*.

Madame, madame..... je viens de voir don Alvar.....

EMÉLINA, *vivement*.

Il est libre ! ô ciel ! je te rends grâce.

Alphonse.   C

ISABELLE.

Il a paru chez le Roi avec toutes les apparences d'un favoris décidé. C'était une chose à voir que l'étonnement des courtisans.

ÉMÉLINA.

T'a-t-il parlé de moi?

ISABELLE.

Non, madame, mais peut-être.....

ÉMÉLINA, *soupirant.*

Hélas! (M.)

SCENE VII.

LES PRÉCÉDENS, D. ALVAR.

D. ALVAR, *entrant précipitamment.*

Chère Emélina!

ÉMÉLINA, *à part, avec joie.*

Ah! mon cœur avait besoin de le voir.

(Musique. Emélina se jetant dans les bras d'Isabelle pour cacher son émotion. D. Alvar paraît inquiet, Isabelle le rassure. Pendant ce temps D. Rodrigue entre sans être apperçu, il témoigne sa surprise en voyant Alvar auprès d'Emélina.)

SCENE VIII.

LES PRÉCÉDENS, D. RODRIGUE.

D. RODRIGUE, *à part au haut de la scène.*

D. Alvar aux pieds d'Emélina? ô bonheur! écoutons.

D. ALVAR, *à Emélina qui revient de son émotion.*

Vous me croyez, sans doute, le plus coupable des hommes, adorable Emélina, et je ne suis que le plus malheureux. Décoré de toutes les apparences de l'ambition satisfaite, mon cœur ne sacrifie qu'à l'amour et à l'amitié. Je n'ai rompu le silence, je ne parais sensible à la faveur dont le Roi m'honore, que dans l'espérance d'être utile à D. Pèdre. Je travaille à pénétrer le secret du crime qu'on lui impute; on supçonne hautement D. Rodrigue d'être son délateur auprès du Roi: ce perfide fait voler de bouche en bouche ce que la calomnie a de plus noire contre D. Pèdre. Reposez-vous sur moi du soin de découvrir la vérité; avant peu je me flatte d'y réussir.

D. RODRIGUE, *à part.*

Ta perte est assurée.

ÉMÉLINA, *à D. Alvar.*

Ah! seigneur, que ne vous devrai-je pas?

D. ALVAR.

Croyez, chère Emélina, qu'il fallait ce puissant motif pour me forcer à rester aussi long-tems éloigné de vous. Mais à qui aurais-je pus confier mon secret? étranger dans cette cour, observé de toute part, me défiant des hommes, ne les connaissant pas, j'ai préféré le malheur affreux de vous paraître ingrat au danger où mon peu d'expérience pouvait vous exposer. (*Musique. Il tire un papier et dit avec une extrême sensibilité. Cette phrase se dit sur la musique.*) Séparé de la sensible Emélina, par des raisons politiques; craignant de ne plus la revoir, j'osai tracer sur ce papier toutes mes pensées et le serment de vivre à jamais sous sa loi... si j'étais assez heureux.

EMÉLINA.

(*Musique. Elle tend la main. Alvar lui donne vivement son billet et paraît confus. Emélina après un moment de silence, pendant lequel elle est très-émue, prend connaissance de l'écrit et le lit avec beaucoup d'âme. Après la lecture elle regarde avec timidité Alvar. Détache de son bras un brasselet en cheveux et le lui donne.*)

Voici ma réponse. (*M.*)

D. ALVAR, *baisant avec transport. le brasselet.*

Ah! vils ennemis de tout ce que j'aime! tremblez! ce précieux gage d'amour me rend invincible.

D. RODRIGUE, *à part.*

O vengeance!

D. ALVAR.

Adieu, femme adorable! je n'aurai de repos que je ne vous aie rendu votre digne et malheureux frère.

EMÉLINA.

Vous tenez entre vos mains mon bonheur et le repos de ma vie.

D. ALVAR.

Je m'arrache d'auprès de vous, les momens sont précieux, le moindre retard pourrait devenir fatal à D. Pèdre. Adieu, chère Emélina, je vous quitte un moment, pour ne vous plus quitter jamais.

(*Musique. Il baise la main d'Emélina. Ils se font de tendres adieux. Emélina suit alvar de l'œil, jusqu'à ce qu'elle ne le voie plus. Rodrigue s'est caché un moment.*)

SCENE IX.

EMÉLINA, ISABELLE, RODRIGUE, *au haut de la scène.*

EMÉLINA, *avec chaleur.*

Ah! ma chère Isabelle, conçois-tu mon bonheur! D. Alvar n'est point parjure ! mon frère touche au moment de faire éclater son innocence ; je les verrai tous deux partager les bontés du Roi ; et bientôt mon amant deviendra mon époux.

ISABELLE.

Oui, mais le Roi vous aime ? et...

EMÉLINA.

Je n'ai jamais laissé luire aucun espoir aux yeux d'Alphonse. D'ailleurs, mon cœur et ma main n'appartiendront jamais qu'à celui que le ciel m'aura destiné pour époux... et le roi ne peut... mais il est généreux, et lorsqu'il connaîtra mes sentimens pour Alvar, il ne pourra se refuser...

ISABELLE.

Je doute qu'Alphonse...

EMÉLINA.

Je n'ai rien à craindre de lui. Allons trouver D. Pèdre, ma chère Isabelle, Alphonse me l'a permis ; et nous lui ferons part de ce que D. Alvar vient de nous apprendre.

ISABELLE, *en s'en allant.*

Il est bien tems que le calme revienne parmi nous.

(Musique. Elles sortent. Rodrigue entre avec précaution et les suit de l'œil jusqu'à ce qu'il ne les voie plus.)

SCENE X.

RODRIGUE, *d'un ton menaçant.*

« Il est tems que le calme revienne parmi vous ! » Ah ! ce n'est pas quand la foudre est prête à tomber sur vos têtes, quand je rencontre un nouvel ennemi attaché à mes pas ; qui ose me menacer, moi, Rodrigue, et je ne l'ai pas puni sur l'heure, cet insolent, ce perfide étranger ? mais il est favori d'Alphonse, c'est son arrêt... on me soupçonne d'être le délateur de D. Pèdre... mais comment se peut-il... (*M.*) Qu'entends-je ? c'est Gusman, que vient-il m'annoncer ?

SCENE XI.

D. RODRIGUE, D. GUSMAN.

D. GUSMAN.

Je vous cherchais, seigneur, apprenez que vous avez dans Alvar...

D. RODRIGUE.

Un ennemi ? je le sais.

D. GUSMAN.

Mais un ennemi d'autant plus redoutable, que le Roi parait lui avoir donné toute sa confiance. Je l'ai surpris excitant les esprits contre vous : on vous suspecte ; et si l'on découvre la moindre trace de votre projet , vous êtes perdu.

D. RODRIGUE.

Ne crains rien. Alvar , voudrait envain chercher à me nuire. Il ne peut détruire , dans l'esprit du Roi, la preuve que j'ai su lui donner de la trahison de D. Pèdre.

D. GUSMAN.

Cependant...

D. RODRIGUE.

Les morts sortiront-ils du tombeau pour attester notre imposture ? d'ailleurs, Alvar ne sera bientôt plus à craindre, il travaille lui-même à sa perte.

D. GUSMAN.

Comment, seigneur ?

D. RODRIGUE.

Il aime la sœur de D. Pèdre ?

D. GUSMAN.

D'où savez-vous ?...

D. RODRIGUE.

C'est ici que je viens de le surprendre aux genoux d'Emélina , lui déclarant sa flamme, recevant d'elle un gage d'amour , et formant le complot d'arracher D. Pèdre à la fureur d'Alphonse.

D. GUSMAN.

Serait-il possible ?

D. RODRIGUE.

Il est rival de son Roi, j'en ai des preuves ; tu affirmeras la vérité s'il est nécessaire. Viens, suis-moi, allons auprès d'Alphonse; mettons à profit toutes ces circonstances...

D. GUSMAN.

D. Pèdre a des amis puissans...

D. RODRIGUE.

Des amis ! Ne sais-tu pas que le malheur nous les ôte ? je me repose entièrement sur l'ingratitude et la pusillanimité des hommes. (*Musique. Ils sortent.*)

Fin du second Acte.

ACTE III.

Le théâtre représente le palais d'Alphonse.

SCENE PREMIERE.

ALPHONSE, RODRIGUE, Pages, Gardes.

ALPHONSE.

Je ne puis encore revenir de mon étonnement. (*à un officier de sa suite.*) Que l'on s'assure de la personne de D. Alvar et qu'il soit conduit vers moi. (*l'officier sort.*) Je veux lui prescrire moi-même le lieu de son exil. A qui confier désormais les secrets de mon âme. Ciel, reprends l'autorité que tu m'accordas, si en me commettant le trône tu voulus me donner des sujets et non des amis. (*A Rodrigue.*) Quoi! se peut-il...

D. RODRIGUE,

Oui, Sire, je vous le répète, D. Alvar et Emélina vous trompent ; si vous doutez de la vérité, il va paraître devant Votre Majesté, et je puis...

ALPHONSE, *à part très-agité.*

Voilà donc mes pressentimens expliqués. (*haut.*) Il suffit, D. Rodrigue ; je suis satisfait de votre zèle, et ne le laisserai pas sans récompense : je réparerai les torts que j'ai peut-être envers vous.

D. RODRIGUE.

Oh ! mon maître !...

ALPHONSE, *à part.*

Cruelle Emélina !... ah ! cachons au moins mon trouble et ma faiblesse.

D. RODRIGUE, *à part.*

Le coup est porté.

ALPHONSE.

D. Alvar que je comblais de mes bontés... l'ingrat !... mon amour le condamne, mais mon cœur se refuse à le croire complice de D. Pèdre.

D. RODRIGUE, *d'un air faux.*

Je ne prétends pas, Sire, vous assurer positivement que D. Alvar soit d'intelligence avec D. Pèdre pour l'exécution de son infâme projet ; mais il y a tout à craindre d'un cœur violemment agité par l'amour. Qui sait si, pour complaire à

Emélina... l'attachement que j'ai pour mon souverain m'aveugle peut-être. Cependant il y va de votre sûreté, Sire : prévenez un grand malheur tandis qu'il en est tems encore.

ALPHONSE, *a parut très-agité pendant le couplet de D. Rodrigue.*

Je suivrai les conseils que me dicte votre attachement. Ah ! qu'il est pénible de trouver des coupables parmi ceux qui possèdent notre confiance. Trop chère et trop cruelle Emélina !... Etouffons mon amour. L'Etat, ma sûreté, le repos de ma vie l'exigent; D. Pèdre est criminel!...D. Alvar.. Ah ! il est, je crois, mille fois plus coupable à mes yeux. (Musique. Alvar arrive précédé de l'officier. Rodrigue va pour sortir, le Roi lui fait un signe impérieux qui le fait rester.)

SCENE II.

LES PRÉCÉDENS, D. ALVAR.

ALPHONSE.

(Il parle bas à un de ses officiers qui sort aussitôt avec quelques gardes. A D. Alvar en le fixant sévèrement.)

Vous êtes bien coupable, D. Alvar.

D. ALVAR, *avec la plus grande surprise.*

Moi, Sire.

ALPHONSE.

Vous, que je regardais comme l'ami vertueux et fidèle, qui devait être le dépositaire secret des sentimens de mon cœur ; je ne pensais pas qu'en vous rétablissant dans les biens dont vous étiez dépouillé, qu'en vous honorant de ma confiance, je dusse un jour m'en repentir : parlez, qui a pû vous porter à cette ingratitude ?

ALVAR, *pouvant à peine articuler par la surprise qu'il éprouve.*

Sire, tout ce que vous me dites est un mystère pour moi... je ne puis comprendre...

ALPHONSE.

Vous êtes le complice de l'indigne D. Pèdre.

D. ALVAR.

O mon Roi, pourriez vous penser...

ALPHONSE.

Vous êtes d'intelligence avec sa sœur pour le soustraire à ma juste vengeance.

D. ALVAR, *avec noblesse.*

Si vous me croyez coupable, Sire, faites tomber sur ma tête le glaive de votre justice, mais daignez vous souvenir que le fils Lastorrès, que le fils d'un si glorieux père, à l'âme trop grande et trop élevée, pour commettre une action criminelle.

ALPHONSE.

Quel calme et quel front serein.

D. ALVAR.

Ah ! Sire, contentez vous de cette preuve ; l'imposture peut séduire par des raisonnemens préparé avec art, mais la physionomie, le regard, l'expression des traits, l'accent de la voix ne trompent jamais ; et lorsque vous remarquez en moi du calme et de la sérénité, c'est le ciel qui parle à votre cœur et qui justifie mon innocence.

ALPHONSE, à part.

Cet air de vérité... Rodrigue m'aurait-il abusé ?... ô soup-çons ; éclaircissons ce mystère. (haut.) Pourquoi, malgré la défense que je vous avais faite de ne parler à aucun de mes ennemis, voyez vous Emélina ? on vient de vous surprendre avec elle.

D. ALVAR, embarrassé.

Sire... mais qui peut...

ALPHONSE, sévèrement à D. Rodrigue.

Rodrigue...

D. ALVAR, fait un mouvement de surprise et dit à part.

Il est donc vrai... ô le traître.

D. RODRIGUE, vivement à D. Alvar.

Vous ne pouvez nier, seigneur, que vous étiez encore, il n'y a qu'un instant, aux genoux d'Emélina ; que vous lui ju-riez de tout employer pour sauver D. Pèdre ; que vous avez reçu d'elle un brasselet ; et que votre amour extrême...

D. ALVAR, à part.

Le perfide !

ALPHONSE, sévèrement.

Répondez.

D. ALVAR, avec beaucoup de timidité en commençant

Sire, s'il est vrai que vous comptiez la sensible Emélina au nombre de vos ennemis, je suis coupable sans doute, mais je ne croyais pas manquer à l'aveugle soumission que je dois à mon Roi, en faisant part à celle qui est l'objet de mes plus tendres affections, des tentatives que je ferais auprès de vous, Sire, (non pas pour sauver D. Pèdre de votre colère comme Rodrigue a su perfidement vous le dire) mais bien pour cherher à vous prouver son innocence.

ALPHONSE.

Sachez que vous outragez...

D. RODRIGUE, *vivement.*

Je ne puis lui en vouloir, Sire ; un coupable cherche toujours à se parer de vertueux dehors...

D. ALVAR, *à Rodrigue.*

Il n'appartient qu'à un homme sans courage d'abuser du lieu et des circonstances pour accabler l'innocent opprimé.

ALPHONSE.

Finissez ces débats, votre amour est un crime, et bientôt... (*à part.*) Où m'égarai-je ?... Alphonse, rougis de ton emportement ; sache au moins conserver l'orgueil de ton rang.

D. RODRIGUE, *qui a entendu l'aparté du Roi dit à part.*

Alvar est perdu.

ALPHONSE, *montrant Alvar dit à sa suite.*

Que l'on conduise ce perfide à la tour et qu'il s'éloigne demain, pour jamais de mes états.

D. ALVAR.

Si mon amour pour Emélina est un crime à vos yeux, Sire, rien ne peut me soustraire à votre juste courroux ; mais j'ignorais...

ALPHONSE, *aux soldats.*

Obéisez. (*Les soldats fond un mouvement.*)

D. ALVAR, *aux genoux du Roi.*

Sire, de grâce, un seul mot. Je pars chargé de votre courroux ! ah ! la mort me serait moins cruelle ; mais, Sire, au nom de mon vertueux père, dirai-je au nom de tout ce qu'il a fait pour vous, qu'il me soit permis de vous dire, pour la dernière fois, que D. Pèdre ne peut-être coupable.

(*Alphonse est accablé et ne répond pas.*)

RODRIGUE, *à D. Alvar.*

On a des preuves trop évidentes pour douter un seul instant de sa perfidie. Je crois même, Sire, qu'il serait inutile qu'il parut devant Votre Majesté.

D. ALVAR, *à D. Rodrigue avec indignation.*

Mais voudriez-vous qu'on le condamna sans l'entendre ?

D. RODRIGUE.

Le Roi peut seul...

ALPHONSE, *à part.*

Que de tourmens... mon amour semble s'accroître encore ; et ma jalousie... (*à sa suite.*) Que l'on suspende l'exécution de mes ordres. (*à Alvar.*) D. Pèdre va paraître ; mais puisque tu m'y forces, ingrat... tremble pour tes jours...

D. ALVAR, *avec chaleur.*

Sire, vous allez l'entendre ? vous daignez lui accorder cette grâce : ah ! je me flatte que bientôt son innocence triomphera de ses vils calomniateurs, trop lâches pour l'accuser

Alphonse.   D

en face. La vertu malheureuse peut-être persécutée ; mais il est un Dieu vengeur, qui tôt ou tard la fait triompher. (*M.*)

SCENE III.

LES PRÉCÉDENS, D. PÈDRE, *enchaîné*, EMÉLINA, *suit son frère en pleurant*, Gardes.

D. ALVAR, *montrant D. Pèdre.*

Voyez, Sire, la sérénité de son âme est empreinte sur son front, cette noble fierté, preuve évidente d'une âme pure et irréprochable, ne saurait appartenir à un coupable tremblant toujours devant ses juges.

D. PEDRE, *très-calme.*

O ciel ! quel est le malheur d'un cœur droit et généreux, de n'avoir que des paroles pour s'exprimer, c'est-à-dire, un moyen dont l'ingratitude abuse et que la perfidie même peut tourner à son avantage.

EMÉLINA.

O mon Roi ! vous avez aimé mon frère ; daignez jeter les yeux sur lui ; vous aimez la vertu, secourez-là, mes larmes !... ma douleur !... nos malheurs...

D. PEDRE.

Puis-je au moins savoir, Sire, de quel crime vous m'accusez ?

EMÉLINA, *se jetant aux genoux du Roi.*

Sire, au nom du ciel !...

ALPHONSE, *relevant Emélina.*

Relevez-vous, madame, ce n'est, je vous le répète, que par l'aveu de son crime, que votre frère aura part à ma clémence.

D. PEDRE, *avec véhémence.*

Qu'à l'aveu de mon crime ! hé je suis sans remords.

EMÉLINA.

Eh ! qui ne connaît la pureté de son âme ?

D. RODRIGUE, *à D. Pèdre.*

Répondez, seigneur ; cherchez à vous excuser ; le Roi est rempli de bonté pour vous ; avouez enfin...

D. ALVAR, *à Rodrigue avec intention.*

Puisque vous paraissez si bien instruit, seigneur, chargez-vous du soin de révéler au Roi... mais peut-être en coûterait-il à votre délicatesse...

D. RODRIGUE.

D. Alvar devrait se rappeler...

D. ALVAR.

Qu'il est exilé.

EMÉLINA.

O ciel !

D. ALVAR.

Mais s'il peut avant son départ démasquer un perfide, ce sera pour lui une consolation dans son infortune.

ALPHONSE, *à D. Pèdre.*

Vous savez, D. Pèdre, à quel prix vous pouvez obtenir votre pardon...

D. PEDRE.

Je n'ai jamais cessé de me conduire en sujet fidèle, et lorsque mon souverain m'accable de sa disgrace, il est encore tout pour moi. Je n'ai dû la faveur d'Alphonse qu'à son choix, je ne devrai mon salut qu'à sa justice. Attendons notre sort, ma sœur, avec un courage digne de nos aïeux ; et rappellez-vous que pour soutenir les maux de cette triste vie, dieu nous a donné la vertu et l'amitié.

ALPHONSE, *à D. Rodrigue.*

Pourquoi faut-il que le crime sache si bien se couvrir du masque de l'hipocrisie. (*à D. Pèdre.*) Si je n'avais des preuves certaines...

D. PEDRE.

Des preuves !... je puis défier l'univers entier d'en produire une seule à ma charge. Il n'y a qu'un témoin qui puisse faire connaître la vérité.

ALPHONSE.

Et c'est...

D. PEDRE.

Le juge suprême de toutes nos actions, celui qui peut seul les apprécier et les récompenser. Dieu.

ALPHONSE, *emporté par un mouvement de colère, lui présente le plan de conjuration.*

Tiens, perfide, démentiras-tu l'identité de cet écrit ? (*M. D. Pèdre prend le papier et le parcourt.*)

EMÉLINA, *effrayée.*

Dieu ! mon frère est perdu.

D. PEDRE.

O ciel !

(Musique. Emélina est saisie d'effroi, reste les yeux immobiles sr sq frère. D. Alvar a sa tête appuyée dans ses mains. Le Roi les examine l'un après l'autre. Rodrigue jouit de ce tableau.)

D. PEDRE, *après avoir lû dit à sa sœur qui est glacé d'effroi.*

Cessez de vous alarmer, ma sœur, je n'ai qu'un mot à répondre ; je suis innocent.

ALPHONSE.

Quelle audace !... Soldats, que l'on traîne D. Pèdre au supplice, et que le perfide Alvar soit conduit à l'instant même hors du royaume.

(Musique. Les soldats font un mouvement pour se saisir de D. Pèdre et d'Alvar, Emélina courre se jeter dans les bras de son frère.)

D. ALVAR.

(Il s'est approché de D. Pèdre pour lui faire un éternel adieu, reconnaît le papier que le Roi vient de lui présenter, et dit avec force.)

Ah ! Sire, quelle preuve plus évidente pourriez-vous avoir de l'innocence de D. Pèdre. Ce fatal écrit est le projet de conjuration qui fit trancher la tête à mon malheureux père, et qui me fut, sans doute, soustrait lors de mon évanouissement dans la forêt. Je le portais sur moi ainsi que cette lettre d'un des agents de l'infâme Laure, adressée au digne ami victime de son attachement. Ces papiers plus précieux pour moi que la vie, rendent l'honneur à la mémoire de mon père et vont servir à démasquer un traître.

RODRIGUE, *effrayé, à part.*

O ciel !

(*Emélina marque sa joie de ce qu'elle vient d'entendre.*)

D. ALVAR, *présentant la lettre au Roi.*

Lisez cette lettre, Sire, et bientôt vous serez convaincu...

ALPHONSE, *lisant.*

« Séduis par les promesses de la cruelle Laure, je me suis
» prêté à la plus infâme trahison, en introduisant dans les
» papiers du malheureux D. Sanche de Lastorrés un projet
» de conjuration écrit de ma propre main et qui servit à lui
» faire trancher la tête. Victime moi-même de la scélératesse
» de Laure, je meurs empoisonné, accablé des plus cruels
» remords. Ayant découvert que vous cachez le jeune Alvar,
» fils de D. Sanche, je vous fais passer cet écrit, puisse-t-il
» servir un jour à réhabiliter l'honneur de D. Sanche et à
» faire rentrer le fils dans ses biens. Qu'il daigne me pardonner, s'il est possible, les maux que j'ai causé à sa famille.

FERNANDEZ. »

RODRIGUE, *à part.*

Je suis perdu.

ALPHONSE.

Quelle horreur !

D. ALVAR, *montrant du doigt Rodrigue.*

Il est aisé, Sire, de reconnaître le coupable ; le crime est empreint sur son front.

(Emélina manifeste sa crainte qu'Alvar ne se trompe, et D. Pèdre témoigne de la surprise.)

ALPHONSE, *à D. Rodrigue.*

Dis moi, monstre, qui t'as pu porter à commettre une action aussi atroce ? (*Emélina reprend de la sérénité.*)

D. RODRIGUE.

La haine ! jaloux de voir D. Pèdre posséder seul ta confiance, et jouir en paix de tes bienfaits, j'avais juré sa perte. Le hasard m'ayant fait trouver dans la forêt ce plan de conjuration ; je conçus le dessein de m'en servir pour me défaire de mon plus mortel ennemi. Mais apprends qu'il n'était pas le seul qui devait tomber sous mes coups. M'étant servi du nom d'Almaïda pour l'exécution de mon projet, il fut ma première victime ; il n'est plus.

TOUS LES PERSONNAGES.

O ciel !

D. RODRIGUE.

Sache encore, que D. Alvar... Emélina... enfin tout ce qui t'était cher, et qui pouvait te rappeler la mémoire de D. Pèdre aurait été victimes de ma rage.

ALPHONSE.

Tu mérites la mort.

D. RODRIGUE.

Je le sais. Crois-tu donc qu'elle puisse m'épouvanter ? Ah ! mon plus grand supplice est de voir triompher D. Pèdre.

ALPHONSE, *aux soldats.*

Soldats, délivrez moi de l'horreur de sa présence et qu'il subisse un prompt châtiment.

(*M. Les soldats enmènent D. Rodrigue.*)

SCENE IV ET DERNIÈRE.

LES PRÉCÉDENS, excepté D. RODRIGUE.

ALPHONSE.

O ciel ! que le trône est entouré d'écueils pour la vertu. (*il ôtes les fer de D. Pèdre.*) Embrassez-moi, mon cher D. Pèdre.

D. PEDRE, *embrassant le Roi.*

O mon Roi !

D. ALVAR, *tristement à D. Pèdre.*

Adieu vertueux D. Pèdre. (*à Emélina.*) Adieu, madame, daignez l'un et l'autre me rappeler quelquefois au souvenir d'un monarque que j'ai cruellement offensé. Je suis heureux encore dans mon infortune, puisqu'avant de vous quitter je vous vois réconciliés avec le meilleur des Rois.

D. PEDRE, *étonné.*

Que dites-vous, Alvar ?...

EMÉLINA, *interdite.*

Vous nous quittez ?...

D. ALVAR, *à D. Pèdre et à Émélina.*

Oui, chers et dignes amis.

I salue profondément le Roi qui, pendant qu'Alvar a parlé, a parûs très-agité.)

LPHONSE, *les larmes aux yeux allant à D. Alvar.*

Où vas-tu, Alvar ?

D. ALVAR.

Sire, où mon exil...

ALPHONSE.

Ah ! reviens près de ton Roi, ne le quitte jamais, et par-nne lui son erreur. (*il prend D. Alvar et Emélina par main et dit à Emélina.*) En vous unissant à ce que vous ez, Emélina, est-ce assez expier ma faute ? ne suis-je pas ez puni par la perte de votre cœur.

D. ALVAR, *étonné.*

uoi, Sire !...

ALPHONSE.

ui, cher Alvar, tes rares vertus m'ohnorent de t'avoir pour rival. Soyez unis.

D. ALVAR, D. PÈDRE, ET EMÉLINA.

(*ils tombent tous trois aux genoux du Roi.*)

h ! Sire, croyez.

ALPHONSE, *les relevant.*

es amis, votre place est sur mon cœur ; embrassez-moi. *les tient tous trois étroitement pressés sur son cœur.*) me quittez jamais, et vous éprouverez si la vertu m'est re. Je veux que l'excès de mes bontés surpasse vos mal-rs. Aimez-moi, s'il se peut ; mais dussiez-vous être in-ts, le bonheur d'en faire surpasse la peine d'en rencontrer.

FIN.

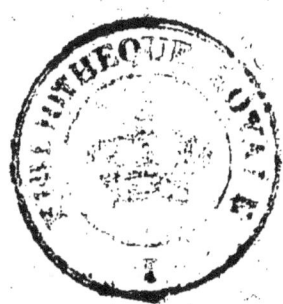

www.ingramcontent.com/pod-product-compliance
Lightning Source LLC
Chambersburg PA
CBHW030118230526
45469CB00005B/1698